Le Fonds d'Action Sacem est partenaire de la collection
« Mes Premières Découvertes de la Musique »

En accordant ses aides à tous les courants de la création musicale,
le Fonds d'Action Sacem se donne également pour objectif de révéler la musique
aux enfants. En s'associant à cette collection, le Fonds d'Action Sacem est heureux
de mener de tout jeunes lecteurs vers le vaste et bel univers de la musique
et de former ainsi le public de demain.

La musique sud-américaine

Cayetano et la baleine

À la découverte des musiques du monde

Une histoire de **Pierre-Marie Beaude,**
illustrée par **Bertrand Dubois,**
mise en musique et racontée par **Luis Rigou.**

GALLIMARD JEUNESSE MUSIQUE

Cayetano habite dans un petit village perché très haut
dans une montagne de la cordillère des Andes.
« J'aimerais bien, songe-t-il, connaître le monde
au pied de la montagne. Il paraît si grand, si mystérieux.
Il y a sans doute de beaux fruits, de grands arbres,
de drôles d'animaux. »
— Cayetano, viens jouer avec nous, disent ses frères.
Mais Cayetano ne les entend pas. Il rêve.
— Tu rêves, tu rêves, lui dit sa mère,
et tu ne sais rien faire de tes dix doigts.

Un jour, un vieil Indien arrive au village.
Cayetano lui demande :
— Connais-tu le monde qui est au pied de la montagne ?
— Oh oui ! répond le vieil homme, mais à mon âge
je suis fatigué et je te demande un service. Loin d'ici,
tout au bout de la terre, vit mon amie la baleine.
Va donc lui dire bonjour de ma part. Tu vois
cette cordelette magique ? Il y a cinq nœuds.
Si tu as besoin d'aide, défais simplement un nœud.

Cayetano descend la montagne et arrive dans
un désert immense. Il a très chaud et très soif.
Soudain, il aperçoit un village :
— Enfin, dit-il, je vais boire et me reposer.
Mais le village est désert et abandonné.
Il n'y a rien à boire. Cayetano a très peur.
— Je vais mourir. Je n'arrive plus à respirer.
La tête me tourne.

C'est alors qu'il pense à la cordelette.
Il la sort de sa poche et défait un nœud.
Aussitôt, il entend une voix au loin :
— Qui appelle ? Qui appelle ?
Cayetano a-t-il besoin d'aide ?

Un condor apparaît dans le ciel et se pose près de lui.
— Sauve-moi, supplie Cayetano. Je vais mourir.
— Accroche-toi à mes pattes, dit le condor.
Tu vas boire l'eau des nuages.
Cayetano attrape les pattes de l'oiseau
qui s'envole et l'emporte dans les airs.

Le condor a des ailes immenses. Il vole si haut, si haut
que les gens tout en bas ressemblent à des fourmis.

Émerveillé, Cayetano plane au-dessus des collines
et traverse les nuages. Il vole au-dessus des montagnes
enneigées. De l'autre côté, il y a une immense forêt
avec de longs fleuves. Le condor descend en planant
dans les airs, dépose Cayetano au sommet d'un arbre
et s'envole aussitôt.

La forêt est très sombre, des bêtes rôdent
et Cayetano entend des grognements,
des hululements, des ricanements.
Vite, il court vers un arbre pour y grimper.
Mais dans l'arbre se cache un grand anaconda.
Le serpent ouvre son énorme gueule.
Horreur ! Il avale Cayetano tout vivant.

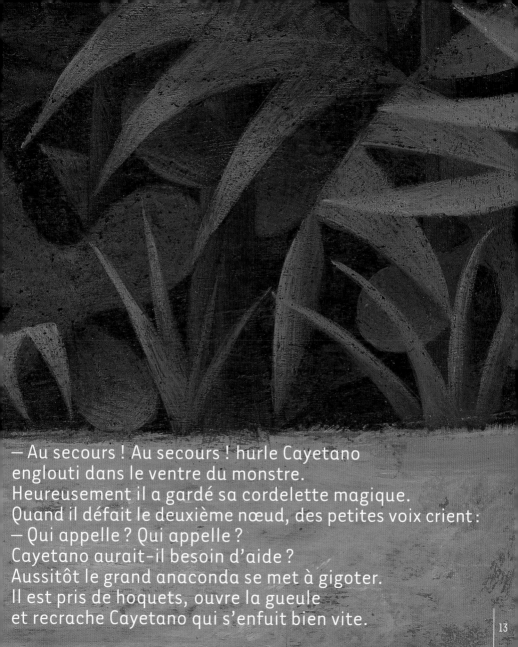

— Au secours ! Au secours ! hurle Cayetano
englouti dans le ventre du monstre.
Heureusement il a gardé sa cordelette magique.
Quand il défait le deuxième nœud, des petites voix crient :
— Qui appelle ? Qui appelle ?
Cayetano aurait-il besoin d'aide ?
Aussitôt le grand anaconda se met à gigoter.
Il est pris de hoquets, ouvre la gueule
et recrache Cayetano qui s'enfuit bien vite.

Des singes et des perroquets
accueillent Cayetano en riant aux éclats :
— On l'a bien eu le grand anaconda, hurlent
les singes. On l'a mordu jusqu'à ce
qu'il te lâche. Allons faire la fête
dans notre île.

Un singe prend Cayetano
par la main et saute sur le dos
d'un gros caïman qui les transporte
jusqu'à l'île. Cayetano chante et danse
toute la nuit avec ses amis.

— Maintenant, dit Cayetano, il est temps d'aller
voir la baleine. Mais comment franchir la forêt ?
Il dénoue le troisième nœud de la cordelette
et entend la voix du condor :
— Qui appelle ? Qui appelle ?
Cayetano a-t-il besoin d'aide ?
Le condor dépose Cayetano dans la pampa,
chez les gauchos à cheval qui gardent les moutons.

— Bonjour, dit Cayetano, je dois aller saluer mon amie la baleine.
— On t'accompagne, répondent les gauchos.
Cayetano saute sur un cheval blanc et galope comme un fou à travers la pampa.
— Voilà la mer, disent les gauchos. Adieu, l'ami.

La mer est là, devant lui, mais comment
retrouver la baleine ? Cayetano sort
sa cordelette et défait le quatrième nœud.
— Qui appelle ? Qui appelle ? souffle une grosse voix.
Cayetano aurait-il besoin d'aide ?
Une énorme baleine danse dans les vagues.

—Bonjour, baleine, dit Cayetano. Je viens te saluer
de la part de ton ami le vieil Indien.
—Merci, répond la baleine en projetant un jet d'eau
dans les airs. Cela me fait bien plaisir et tu le salueras
de ma part.
Et elle replonge dans les flots bleus.

— Maintenant, dit Cayetano, je dois rentrer chez moi.
Il défait le cinquième nœud de la cordelette, mais
personne ne dit : « Qui appelle ? Qui appelle ? » On entend
seulement un grand rire. C'est la baleine qui rit, là-bas,
sur la mer. Cela met Cayetano très en colère :
— Pourquoi ris-tu, méchante baleine ? Qui va me dire
comment je dois faire pour rentrer chez moi ?

La baleine s'approche du rivage.
— Si tu voyais ta tête, Cayetano, tu comprendrais pourquoi je ris. N'as-tu pas deux bras et deux jambes ? Tu n'as besoin de personne pour rentrer chez toi.

Cayetano retrouve le sourire.
— Tu as raison, baleine. Maintenant je vais retourner
au village. Et ma mère sera si fière de moi que jamais
plus elle ne me dira : « Tu rêves, Cayetano, tu rêves.
Tu ne fais que rêver mon fils. »

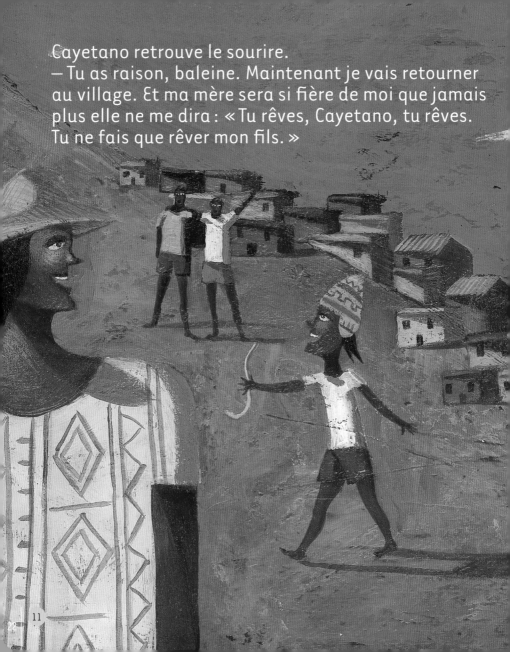

Et elle me prendra dans ses bras.

L'ENREGISTREMENT DE CAYETANO ET LA BALEINE

Si tu écoutes la musique de *Cayetano,* tu peux reconnaître :

Le moceño 16

La quena 17

L'ocarina 14

L'erke 18

Le siku 15

La tarka 15

Le toyo 20

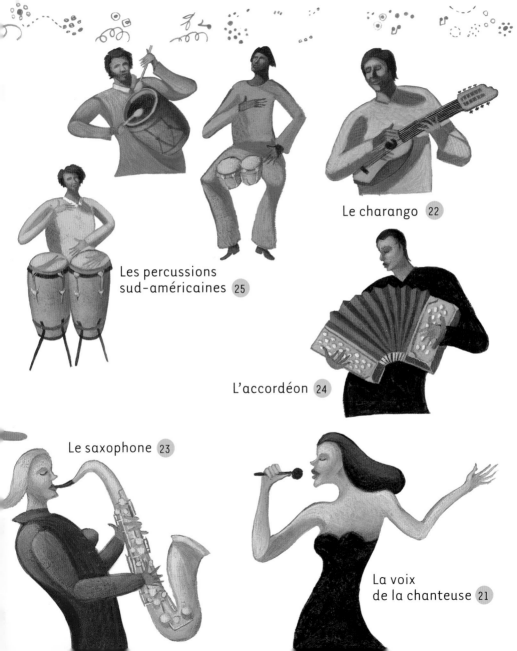

Le charango 22

Les percussions
sud-américaines 25

L'accordéon 24

Le saxophone 23

La voix
de la chanteuse 21

PETIT TOUR D'AMÉRIQUE LATINE EN MUSIQUE

L'Amérique du Sud, grande comme 32 fois la France, offre des paysages grandioses : des hautes montagnes andines à l'immense forêt amazonienne en passant par les déserts ou les glaces de Patagonie. Le paysage musical reflète une aussi riche diversité !

Le charango

C'est un petit luth sud-américain dont la caisse est faite d'une carapace de tatou.

Le tatou étant maintenant un animal protégé, la plupart des charangos modernes possèdent des caisses en bois.

La guitare tient une place essentielle dans les musiques populaires d'Amérique du Sud et en particulier chez les *gauchos* (cow-boys argentins). Certains *payadores* (chanteurs s'accompagnant à la guitare) sont d'ailleurs de vrais virtuoses.

Les percussions

Congas, bongos et bombos sont une des bases des rythmes sud-américains. Leur rôle est très important dans certains rituels religieux ou magiques.

Erke et trutruka

Ces grandes trompettes en roseau peuvent mesurer jusqu'à 3 mètres de long. Les Indiens *mapuches* s'en servaient autrefois pour s'appeler dans la montagne. Aujourd'hui, elles accompagnent les fêtes et les cérémonies.

Le bandonéon

Instrument d'origine allemande, il est devenu l'instrument national en Argentine. Avec les violons, il accompagne les tangos.

Les flûtes des Andes

Les Indiens de la cordillère des Andes utilisent des flûtes de toutes tailles et de toutes formes: des flûtes de Pan, des flûtes droites ou même des flûtes en forme d'œuf comme l'ocarina.

La harpe

Elle a été introduite en Amérique du Sud par les missionnaires jésuites (religieux espagnols) et adoptée en particulier par les Indiens *guarani* du Paraguay. Il n'est pas rare en Amérique du Sud de jouer de la harpe debout.

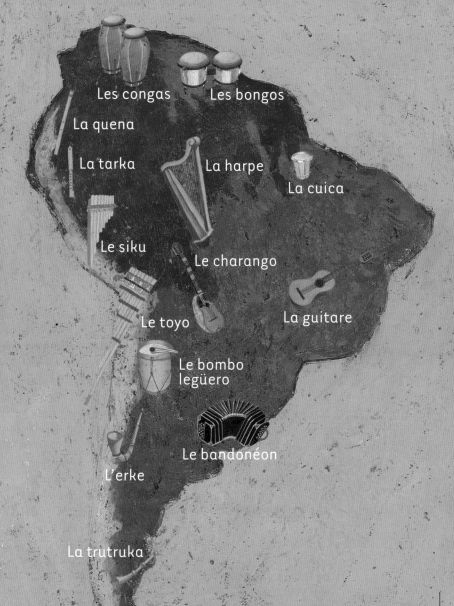

Les congas

Les bongos

La quena

La tarka

La harpe

La cuica

Le siku

Le charango

Le toyo

La guitare

Le bombo legüero

Le bandonéon

L'erke

La trutruka

LA MUSIQUE EN AMÉRIQUE DU SUD

Les musiques et les danses d'Amérique du Sud révèlent une grande diversité de styles et d'influences.

La musique indigène

Avant l'arrivée des Espagnols, l'Amérique du Sud était habitée par des peuples indiens. Leurs descendants ont gardé, dans certaines régions et en particulier dans les montagnes andines, l'usage d'instruments très anciens comme les flûtes en roseau ou les tambours.

Les influences

En s'installant en Amérique du Sud, les explorateurs espagnols et portugais, les esclaves africains et les visiteurs plus tardifs ont apporté leurs instruments et leurs rythmes, et enrichi la musique indigène. La harpe, la guitare et l'accordéon sont venus s'ajouter aux flûtes et aux tambours traditionnels.

Fêtes et célébrations

En Amérique latine, le calendrier des fêtes
est l'un des plus chargés du monde.
On célèbre les saints et les fêtes
catholiques, on célèbre les mariages
et les naissances, mais on continue aussi
à invoquer les dieux et les esprits incas
pour favoriser ses récoltes, faire venir
le soleil ou avoir des enfants.

Les danses latino

Les danses dites latino,
comme la salsa de Cuba,
la samba brésilienne ou
le tango argentin, sont
très à la mode en Europe
et dans le monde.

LE CARNAVAL DE RIO

Un feu d'artifice de bruits et de couleurs !

Le carnaval de Rio au Brésil est le plus
grand carnaval du monde. Il dure
cinq jours et cinq nuits et sa préparation
occupe les 18 ou 20 écoles de samba
du Brésil pendant toute une année.
Chaque école choisit sa musique,
ses chansons, ses costumes et le thème
de son défilé. Le deuxième jour du
carnaval, du soir à l'aube, les écoles
défilent avec chacune jusqu'à cinq mille
danseurs et une vingtaine de chars devant
des centaines de milliers de spectateurs.
Durant les trois jours qui suivent, la
règle est de s'amuser : les rues regorgent
d'orchestres de rue et de nombreux bals
sont organisés dans la ville.

COMPOSITEUR ET CONTEUR : LUIS RIGOU

Enfance argentine

Luis Rigou est né à Buenos Aires, en Argentine, en 1961. Dès 7 ans, il apprend à jouer de la flûte à bec. Quand on lui demande quel sera son métier, il répond sans hésiter « musicien » ! Entre 18 et 23 ans, Luis profite de ses vacances pour voyager. Comme Cayetano, il part avec sa quena à la ceinture dans toute la cordillère des Andes.

De Buenos Aires à Paris

Luis apprend tout seul à jouer de toutes les flûtes andines : l'ocarina, le siku, le toyo, la tarka... et entre au conservatoire de Buenos Aires pour apprendre la flûte traversière. Son groupe, Maiz, qui commence à avoir beaucoup de succès en Argentine, part en tournée dans le monde. En 1990, Luis s'installe à Paris et publie la série de disques *Ocarina* sous le nom d'artiste Diego Modena. Ils se vendent à des millions d'exemplaires et le rendent célèbre dans le monde entier. Marié à la grande saxophoniste norvégienne Helene Arntzen, il est aujourd'hui papa de deux petites filles.

Crédits photographiques :

26. Joueur de charango en Bolivie, © Corbis/Anders Ryman. Joueur de flûte de Pan en Bolivie, © Corbis/ Anders Ryman. Joueur de kena au Pérou, sur la route de Cuzco, mai 1954, © Magnum Photos/Werner Bischof. Joueur de bombo dans une fête de Gauchos, © Corbis/Hubert Stadler. Musiciens ambulants dans les Andes, © Rapho/Hans Silvester. Joueurs d'erke en Argentine, 1957, © Corbis /Hulton-Deutsch Collection. **28.** Indien Mapuche du Chili jouant du tambour. «kultrun», © Corbis/Reuters. Indien Guaymi du Pérou jouant de la flûte de Pan, © Corbis/Peter Guttman. Indien Jivaro du Pérou jouant de la flûte, © Corbis/ Wolfgang Kaehler. Joueurs d'accordéon et de guitare dans une fête de Gauchos, © Corbis/Hubert Stadler. **29.** Musiciens de Taquile, au Pérou, se rendant à la place du village pour célébrer le carnaval, anticipant la récolte, © Rapho /Alejandro Balaguer. Musiciens Aymara en Bolivie lors d'une fête agricole en juin, © Rapho /Alejandro Balaguer. Fête au Pérou, © Rapho/Alejandro Balaguer. Danseurs de tango sur la place Sant'Elmo à Buenos Aires en Argentine, © Mognom/Ferdinando Scianna. **30.** Jeune chanteur au carnaval de Rio de Janeiro, 2002, © Corbis/Reuters. Défilé d'une école de Samba lors du carnaval de Rio de Janeiro, 2002, © Corbis /Ricardo Azoury. Danseuses Baianas (type traditionnel de samba) au carnaval de Rio de Janeiro, 1985, © Corbis/Stephanie Maze. **31.** Luis Rigou en Bolivie en 1982, © Diego Pittaluga, D.R. Portrait de Luis Rigou, © Sophie Anquez, 2000, D.R.

Gallimard Jeunesse Musique
Direction : **Paule du Bouchet**
LIVRE :
Coordination éditoriale et iconographie : **Marine de Pierrefeu**
Graphisme : **Marguerite Courtieu**
DISQUE :
Conseil artistique : **Gaston Tavel**
Flûtes andines (ocarina, quena, tarkas, moceño, toyo, erke) : **Luis Rigou**
Charango : **Alphonso Pacín**
Saxophone : **Helene Arntzen**
Percussions : **Luis Rigou et Laurent Compignie**
Guitare : **Rudi Flores**
Accordéon et bandonéon: **Nini Flores**
Chant : **Bia Krieger et Luis Rigou**
Prise de son, montage et mixage : **Laurent Compignie / Studio Malambo**
Mastering : **Pierre Rochet / Beryl Productions**
Avec la participation d'**Oscar Castro** (ambiance vocale)
Ojos Azules : chanson traditionnelle inca, arrangement de Luis Rigou

ISBN : 978-2-07-062117-0
© Éditions Gallimard Jeunesse, 2003
Premier dépôt légal : septembre 2004
Dépôt légal : octobre 2008
Numéro d'édition : 159889
Imprimé en Italie par Zanardi Group
Loi n° 49-956 du 16 juillet 1949
sur les publications destinées à la jeunesse

Pour que tu sois encore plus fort en musique,
voici un petit questionnaire. Lis bien les réponses,
elles te diront « qui fait quoi ».

Qu'est-ce qu'un compositeur ?

Le compositeur est la personne qui écrit la musique.
Dans ce livre-disque, la musique est composée par **Luis Rigou.**

Qu'est-ce qu'un auteur ?

L'auteur est la personne qui invente une œuvre, par exemple, les paroles
d'une chanson, une histoire que l'on met ensuite en musique...

Qu'est-ce qu'un éditeur ?

L'éditeur de musique fait imprimer les partitions du compositeur
et se charge d'exploiter et de faire diffuser l'œuvre par tous les moyens
(concerts, enregistrements, librairies spécialisées...).

Qu'est-ce que des droits d'auteur ?

Un artiste n'est pas payé quand il vend son œuvre pour la première fois,
mais il gagne un peu d'argent chaque fois que son œuvre est diffusée
(à la radio, à la télévision, sur les disques, les cassettes, etc.).
Il touche alors ce que l'on appelle des droits d'auteur.

Qu'est-ce que la Sacem ?

La Sacem (Société des auteurs, compositeurs et éditeurs de musique)
est une société qui s'occupe de tous les artistes de la musique.
Elle veille à ce qu'ils soient payés à chaque fois que l'on utilise
leur œuvre : c'est elle qui leur reverse leurs droits d'auteur.
Ainsi ils peuvent vivre de leur art.